NOTICE HISTORIQUE

INTÉRESSANTE ET PRÉLIMINAIRE

SUR L'APOTHÉOSE

DE

NAPOLÉON-LE-GRAND

Faisant suite à la philosophie d'Alcide dans les Champs-Élysées.

Napoléon Ier, en l'année 1805, avait dépassé l'apogée de la gloire humaine. Empereur des Français, Roi d'Italie, protecteur de la confédération du Rhin et médiateur de la confédération Suisse étaient ses titres glorieux et sans limites. Cent cinquante millions d'âmes obéissaient, à ses ordres souverains ; et tous les rois du monde tremblaient, au seul bruit de ses armes. L'Angleterre même, dans ses îles brumeuses séparées et si bien décrites, par ce vers sublime de Virgile ,

Et pœnitus, toto divisos orbe britannos.

Se reprochait son trop de vicinité , avec ce colosse de la force, telle était la position sublime, du Monarque, en l'époque citée.

Cependant , au moment où tout lui promet l'empire, du monde entier, son amiral Villeneuve éprouve un échec, en combattant, courageusement, contre les anglais dans les mers des Indes. Ce dernier reçoit l'ordre impérial de s'enfermer avec son escadre, dans la rade de Trafalgar et de n'en sortir que par l'avis de son Maître. Il se soumet, durant un mois, à cet ordre honteux et pénible, en présence des anglais se promenant paisiblement sur ces vastes mers. Mais, un jour que la matinée lui paraît belle, qu'une brise favorable le pousse et lui promet la victoire, il se décide à réparer la faute qui le consigne dans cet angle de douleur. En conséquence, il sort à la tête de son escadre et fond, victorieusement, sur les vaisseaux anglais les plus voisins. Les uns tombent en son pouvoir et les autres coulent à fond, sous ses coups terribles et redoublés. Plusieurs trouvent leur salut, dans une fuite à toutes voiles. L'imprudent Villeneuve poursuit son triomphe momentané, il s'éloigne en pleine mer, lorsque la raison soutient qu'un prompt retour, à son point de départ, était un devoir, pour lui, après avoir donné une leçon exemplaire, à nos implacables ennemis. Du moins, par cet acte de prudence, il n'eut point exposé, à la merci d'une force survenante, la plus belle de toutes les escadres. D'un autre côté, sa faute n'était qu'une demi-désobéissance réparée, par un bonheur de victoire.

Or, que Villeneuve soit emporté, par un élan national, contre les ennemis de la patrie, c'est naturel, ou bien qu'il soit poussé, par un germe de philosophie sociale, contre les déprédateurs du genre humain entier, c'est pardonnable. Mais, à l'exemple du prudent Faucon plus faible que l'aigle, il devait comme lui, se contenter de donner un vigoureux coup d'aile, en passant, et retourner en son angle resserré où l'oiseau Royal ne peut l'atteindre.

Appréciez, encore, lecteurs cet autre coup de plume que l'histoire huit ans plus tard, doit appliquer au peu savant mais intrépide amiral. Ecoutez ce récit qui va vous instruire et vous plaire, en même temps. Il est glorieux, dit Horace, de mêler l'utile à l'agréable.

En l'année 1813, et après l'Illiade presqu'épopéenne de Tarragonne, les français étaient en garnison, au nombre de quatre mille, dans cette place importante. Nos tranchées triomphales avaient été mises à niveau, par précaution contre une attaque. Il est vrai que les Espagnols et les Anglais reconnaissaient leur impuissance, à reprendre une ville perdue, par leur manque de valeur et défendue par les premiers troyens du monde. Cependant, moins par esprit de conquête, que par désirs coupables et barbares de fatiguer nos troupes, les premiers s'étaient pratiqué une espèce de tranchée, non loin de la ville, elle leur procurait le moyen d'entretenir un feu continuel dirigé, sur le rempart. Ce feu allait croissant et notre mitraille frappait envain le terrassement qui couvrait ses hauteurs. L'on décide d'en finir ; et voici par quel moyen l'on arrive, au but, qui est d'éteindre le feu.

Le lendemain, de la décision, six compagnies de voltigeurs sont lancées, à la pointe du jour, contre ces assassins, comme de dogues contre les voleurs d'une ferme. Nos guerriers, plus rapides que des aigles, prennent leurs ennemis, par derrière, et les saluent d'une grêle de balles. Ces assiégeants bientôt réduits au rôle d'assiégés, demandent à capituler, par des hurlements presque belluaires. L'on ne les écoute point, et le combat ne cesse que par leur extinction définitive. Deux bataillons campés, dans le voisinage, viennent à leur secours. Les français victorieux peuvent les attendre et obtenir un nouveau triomphe. Mais, leur mission est terminée, et ils ont leur consigne d'un autre côté, ils ne veulent point courir les risques d'affaiblir la garnison de six cents hommes par un événement quelconque. Ils rentrent, en conséquence, la porte se ferme et notre canon pointe, sur les deux bataillons qui avancent et reculent, en même temps. C'était le plan stratégique de l'amiral, en question. L'a-t-il exécuté ?

Non ! Villeneuve poursuit et s'éloigne dans les flots, insouciant, sur l'existence d'une autre flotte anglaise, en surveillance secrète dans le voisinage. Cette dernière, avertie, par la détonation et arrivant au moment du combat, se divise en deux parties. L'une poursuit et frappe, tandis que l'autre intercepte le retour français, en rade. Villeneuve reconnaît, bientôt, son imprudence ; il signale, aussitôt, la retraite à ses navires combattants, forcé lui-même, à l'abandon des captures matinales. Soudain, il se voit à dos, non-seulement les vaisseaux anglais nouvellement arrivés, mais les captifs abandonnés et les mis en fuite, tous se réunissent et se redressent vigoureusement au combat. Mais l'intrépidité naturelle de l'amiral ne l'abandonne point, dans ce moment de crise suprême. Déjà le cri, vaincre ou mourir ! a retenti, plusieurs fois, sur ses lèvres ; et puis en tête de ses vaisseaux ralliés, il fond sur le blocus, pour le briser, le franchir et entrer en rade. Mais hélas ! malgré ses bonnes dispositions et l'ardeur de son courage, le bonheur ne couronne point ses efforts patriotiques et français. De tous les vaisseaux qu'il commande, seul celui qu'il monte opère une brèche et s'enfonce dans le port : une heure, plus tard, le suicide a frappé l'amiral qu'il vient de mettre à terre. De cinquante

vaisseaux de guerre nous appartenant et en bon ordre, les uns coulent à fond ou éclatent dans les airs
poussés par l'explosion fulminante ; les autres tombent, au pouvoir de l'ennemi, ou s'enfoncent, dans
l'océan, par force et légèreté de voiles. De ce dernier nombre, une partie se sauve dans des ports
amis, l'autre arrive, péniblement, en France. C'est
ainsi que par la faute d'un seul, disparaît une partie
de notre puissance maritime.

Ce que les hommes probes et rationnels appellent
assassinat monstrueux, les hommes du léopard britannique, l'appellent victoire éclatante. Fiers de
leurs succès et tenant en main la trompette sonore,
ils la proclament, dans les villes principales de leurs
repaires nébuleux et sauvages. La Russie antagoniste
naturelle de l'Angleterre, mais son alliée, du moment, imite son exemple, par des proclamations, à
la vérité, plus secrètes. Cette dernière puissance
arme, à petit bruit, avec conseil à l'Autriche sa voisine d'armer, en même temps, et avec mêmes précautions.

Sans en connaître le motif, le lucide Empereur
apprend qu'un mouvement secret s'opère, sur le
Continent, qu'il a deux fois soumis. Son génie presque divin flotte, entre l'urgence de partir de sa capitale et le besoin d'y rester, en tête à ses affaires
intérieures. Telle est sa position chancelante intéressée, lorsque l'ambassade, sur notre désastre vient
le sortir de son incertitude officieuse.—Elle arrive,
à dix heures du soir, au Palais des Tuileries, et à
minuit un sénatus-consulte est entendu, dans la chambre des délibérations nationales. Dans cette séance
nocturne, le glorieux Empereur, après avoir observé qu'il ne pouvait pas se trouver partout, déclare

que dès la pointe du jour suivant, il part pour aller battre les Anglais, en Allemagne.

Napoléon agit, avec plus de promptitude qu'il n'annonce. En effet : il n'y a que six jours qu'il est en route, et déjà il marche à la tête de cent vingt mille combattants aguerris et disciplinés. Il peut, facilement, par leur audace accoutumée, vaincre, séparément, les trois cent mille que les deux autocrates alliés vont opposer, à sa marche triomphante. Mais, voici que tout-à-coup, le duché de Brunswik se présente à ses pas empressés; c'est, pour ainsi dire, un fleuve à passer, pour se rendre à Austerlitz, où se trouve le point de réunion hostile. De plus, en-delà de cette terre qui s'étend, dans l'Allemagne, en long rectangle et vis-à-vis du point qu'il occupe, deux armées puissantes de cinquante mille hommes, l'une, veut opérer leur réunion, le lendemain. Les attaquer, séparément, et les battre avec sécurité, est son plan, adopté à la minute. Mais, pour cela, il faut rompre avec la neutralité d'un prince couronné, par un rapide passage sur ses terres. Son conseil est entendu, et l'inimitié future du duc de Brunswik, ne prévaut point, sur le besoin de passer outre. C'est à bon droit ! car l'emploi d'une seule journée, en marche rapide, sur le pays neutre, procure une victoire certaine suivie d'un autre le lendemain, par attaques séparées et forces majeures. C'est ainsi que dix jours après son départ de Paris, le glorieux Napoléon voit en fuite devant lui quatre-vingts mille hommes qui lui cèdent le passage désiré. De ce point victorieux, il marche sur Austerlitz, où l'attendent l'honneur, la gloire et les palmes de l'immortalité.

Le jour d'Austerlitz, a dit le héros, est le plus beau de ma vie et le plus grand de l'histoire. C'est une vérité sans tache ! Car en suivant le cours de cette journée mémorable, l'on rencontre trois victoires éclatantes et séparées. La première, par les mains de Davoust auquel Napoléon a donné ses instructions et ses ordres. La seconde, sur les champs du pays cité, par lui-même, après un combat depuis six heures du matin, jusqu'à 4 heures du soir, contre les Autrichiens qu'il met en déroute complète alors. La troisième enfin, sur trente mille russes qu'il fait enfoncer, sous des glaces, par sa foudroyante artillerie. Moins animés, par les ordres du czar, qu'emportés par leur soif du sang français, ces hommes demi-sauvages ont dressé leur passage, sur un lac glacé et auquel le dégel n'a point rendu l'essor fluctuant. Déjà, dans un rêve non moins séduisant et trompeur que le cristal qu'ils parcourent, ils se promènent victorieux, sur le champ de bataille. Déjà Phébus les attend les bras ouverts et tenant une couronne de chaque main ; lorsque soudain, un vainqueur plus certain et plus puissant, que leur rêve, les fait disparaître pour toujours.

Ce dernier, après ses deux premières victoires, sur les limites du duché de Brunswik, prévoit que les deux armées battues peuvent facilement réunir leurs débris et former une masse imposante. Il pense que cette armée, ainsi, reconstruite peut le frapper, d'un côté, tandis que celle qu'il va surprendre, au loin, le frappera de l'autre. En fait d'opérations militaires, il faut peu pour faire échapper la victoire aux ailes rapides et légères. Convaincu de cette vérité, il place en surveillance le général dont on connaît déjà le nom : mieux que lui, jamais disciple n'a exécuté les ordres de son maître. Car Davoust, à la tête de trente mille français, refoule toute une journée, soixante-huit mille Autrichiens, et finit, le soir, par une victoire complète, sur ce nombre. C'est la troisième que l'histoire attribue au génie de Napoléon-le-Grand, le jour d'Austerlitz. Journée, à jamais mémorable, dans les annales du monde, elle devient la marche du héros moderne, au trône glorieux, de l'apothéose antique.

INTRODUCTION

QUESTION ROMAINE

*Par la porte en ivoire et la porte en corne
des enfers.*

Prologue de l'Auteur.

Les deux portes des vieux enfers prouvent, évidemment, que les Mythogènes ont connu long-temps avant nous, l'effet du luxe, sur les populations. L'une placée, en évidence, et gracieuse convoque, perpétuellement, à son passage. Des pivots en or font mouvoir ses deux battants en ivoire; et la sculpture qui les embellit dépasse de beaucoup les deux matières. C'est le cyprès démesuré sur la broussaille rampante. Méfiez-vous de cette porte, disent les Mythologues; à peine entrés elle se ferme et vous perd, pour toujours, dans des souterrains plus obscurs que ceux que vous fuyez. L'autre est placée dans un angle étroit noir et difficile à trouver. Sur deux pivots en fer rouillé, par la vapeur fuligineuse, tournent ses battants en corne noire et ridée. Heureux qui vient à bout de la trouver et l'ouvrir! il est alors sauvé du manoir ténébreux.

L'auteur, après avoir décrit les risques dangereux de l'une et les avantages de l'autre fait son début dans la question susdite, en opposant la crèche du Sauveur au trône pontifical. Il s'arrête sur l'abandon des barques et des filets pour suivre, dignement, les pas de Jésus-Christ. Au vers suivant, il se demande s'il doit venir encore chasser le trafic et la vente de la maison de son père. Au dix-huitième, il fait allusion aux loups-humains séduisants et ravisseurs. Ensuite, après avoir parcouru les points les plus culminants, du livre sacré, il s'écrie dans un élan, au bienfait, et toujours ennemi du luxe.

> Voulez-vous de la pourpre éviter le danger ?
> Préférez, aux lambris, la hutte du berger.
> Car la porte du ciel, devant l'or qui scintille,
> Est le câble à passer, dans le trou de l'aiguille.

Il fait ici, ses excuses sur l'emploi du mot, car, peu admissible en poésie. Il ne s'en sert que pour se modéler, sur les chapitres de l'évangile, dans lesquels cette conjonction est si souvent répétée.

Au quarante cinquième vers, il rejette le tonneau de Diogène, le poison de Socrate et les disciplines thébaïdaines. Enfin, il termine par une analyse sur les grands mots, *in dabiis, libertas* ! de St.-Augustin. Dieu, lui-même, avec son immense porte-voix les soufflat, dans l'oreille de ce glorieux réformateur.

Mais, arrêtez ! nous dira-t-on. Vous mêlez le saint au profane ; la vérité, à la fiction diabolique ! Est ce que la question romaine a quelque rapport, avec le voleur Cacus et le grand Acide ? Non ! sans doute. Les débats ont lieu, sur ladite question, en 1863, et l'épisode citée fut composée par un contemporain du Christ. Il y a donc, incompatibilité, entre les deux matières, et par distance du temps et par divergence entre la religion chrétienne et le paganisme. Mais, après tout, les libertés sont grandes, lorsqu'elles ne conduisent pas au mal. Elles sont immenses et sans limites, lorsqu'elles dirigent au bien. Par exemple, l'auteur est en droit de mettre sa lyre, en accord, avec les chants Ausonniens, rappellant la descente d'Alcide dans les enfers. Il est libre de le suivre, sous les voûtes du Ténare, jusqu'au palais de Pluton ; d'entendre sa voix tonnante et demandant le supplice des scélérats, dont son bras a purgé les deux hémisphères.

Il est libre de suivre le héros, dans sa philosophie sociale, jetant un coup d'œil, sur l'inconduite de Louis XIV et de Louis XV, entraînant le tombereau de l'infortuné Louis XVI; de parcourir avec lui quelques points de notre grande révolution; de faire l'éloge du vertueux Henri IV, et de proposer des châtiments nouveaux, pour le crime revêtu du manteau de la foi.

Il est encore libre de prendre part, aux cris du grand Alcide, contre le luxe, de donner avec lui, une leçon exemplaire aux amants passionnés de ce vice ; de demander des récompenses pour des hommes illustres et l'apothéose pour Napoléon-le-Grand, en prenant appui, sur le jour immortel déjà cité.

D'ailleurs, la poésie comme l'abeille capricieuse, vole de fleur en fleur; elle quitte la rose pour le genêt, le romarin pour le carthame. Evendre reçoit fraternellement son cousin Énée; cependant, il ne lui accorde le secours désiré, qu'après une longue narration sur l'histoire de Cacus, au milieu des jeux, des ris et des festins. Deux jours après, le héros de l'Enéide, part, suivi de Pallas à la tête d'une armée auxiliaire. Ce dernier est fils d'Evendre, roi d'Aulonnie. Le premier, incertain sur son avenir, eut préféré l'effectif au frivole, la promptitude à la temporisation. Pressé de combattre Turnus et le roi de Latium qui le menacent; il est, pourtant, retenu par des fêtes et des plaisirs auxquels il prend part. Virgile, ainsi passe, du plaisant au grave ; de l'enjouement à la douleur.

De même, par suite de philosophie chrétienne, nous passons de la fable à l'histoire ; de celle-ci aux documents, sur les débats romains. Il est vrai que le moindre censeur partisan, peut nous dire, avec ce glorieux poète.

Non vestrum , inter nos, tantas componere lites. Nous savons, même, que c'est une vérité. Il ne nous appartient point de prendre part, à un si grand procès. Cependant, nous sommes heureux de pouvoir assurer que, sur trois lecteurs, deux applaudiront. Le troisième, en applaudissant, secrètement, sous le flambeau de la raison, criera à l'athéisme, sous l'empire de la cupidité.

Nous terminons, en soutenant, que lire beaucoup, un peu, et passer avec la rapidité de l'éclair, d'un tableau à l'autre, sont les avantages de nos œuvres ; c'est dire qu'en elles, l'on ne rencontre ni les longs verbiages romantiques ni leurs dialogues ennuyeux. Fardeaux non moins accablants que le faisceau du bûcheron octogénaire, ils désorientent le lecteur et le perdent, dans un océan de paroles inutiles. La lecture attrayante du voleur Cacus fait preuve à cette vérité. Nous savons que la justice accorde peu de confiance aux voleurs. Cependant, pour celui-ci, nous attendons l'indulgence, du respectable tribunal du peuple.

Salut et fraternité à nos honorés lecteurs !

———

LE VOLEUR CACUS

ET LE

GRAND ALCIDE

Poésie Mythologique tirée de l'Énéide ,

ET SUIVIE

DE L'APOTHÉOSE DE NAPOLÉON-LE-GRAND.

———◆———

Salut , mont Aventin ! toi qui rappelles l'homme
Survivant , seul lui seul , à la gloire de Rome.
Salut , vieux monument , de l'oubli respecté !
Je t'aborde orgueilleux , par la rime emporté ;
Sans prétendre , pourtant , m'élever jusqu'aux astres,
Publiant de Cacus , les infâmes désastres.
Pirates gardez-vous , sicaires et voleurs.
Du Toscan , contre vous , j'emprunte les couleurs.
Cacus , mélange humain , hideux et belluaire ,
Virgile ainsi te peint , sans renoncer à plaire.
Virgile dont le chant sublime , audacieux ,
Prônant , même , le mal se soutient gracieux.
Difforme , nous dit-il , dans l'humaine structure ,
Il reçut du sanglier la rigide fourrure.
Pour l'armer , de ses dents , le lynx vint concourir ;
Le cheval lui prêtat des sabots , pour courir
Surprend-il les humains , dans leurs chairs palpitantes ,
Il plonge , du vautour , les armes déchirantes.
C'est l'odorat du loup , c'est sa férocité
Qu'il emprunte , la nuit , contre l'obscurité.
En deux mots , pour finir , Vulcain , l'inimitable ,
Est le père , dit-on , de ce monstre exécrable.
C'est tout dire , Vulcain ! dans l'horrible éclatant ,
Après l'insecte impur , rien n'est plus dégoûtant.

2

Voyez-vous ces rochers brunis par des pénombres ,
Où des oiseaux cruels sont les retraites sombres ?
Là , d'un antre échappant le fils , du forgeron ,
Dépeuplait le pays , en peuplant l'Acheron.
Dépeuplait : C'est trop peu ! disons, qu'en ses entrailles,
Les humains abattus trouvaient leurs funérailles.
Nocturne maraudeur et sicaire puissant ,
Le crime , sous son règne , allait en grandissant.
Le vainqueur , cependant, des monstres de la terre ,
Devait , bientôt , sur lui , rappeler sa colère.
Alcide sois béni , par tout le genre humain ,
Il fait suite , aux brigands abattus par ta main.
N'est-ce pas , demi Dieu ? dans ton divin passage ,
Tu devais ce bienfait , reçois-en notre hommage.
C'est Alcide , comptant au rang des premiers Dieux ,
C'est l'immortalité , c'est l'échelle des cieux.
    Mille fois , des voisins , la populaire armée
L'attaque , dans les flots , d'une épaisse fumée.
Sa bouche intarrissable , en nouveaux tourbillons,
Désordonne ses rangs , brise ses bataillons.
Tantôt , c'est un rocher qu'il lance , avec adresse ,
Sur l'essaim ondoyant , du peuple qui le presse.
Le bloc , à ses désirs , répond par cent trépas ,
Et de l'assaut fougueux il arrête le pas.
Le monstre , en même temps , par ruse de l'Averne ,
Disparaît , en secret , dans sa noire caverne.
Est-ce vrai, qu'en ce jour , dans ce gouffre d'horreur ,
Seul poëte contraint , je le suis , sans terreur ?
    Mais , puis-je peindre, en plein , ses infâmes portiques
Sans le fer Mactateur , des ordres Druidiques ?
Montrez-moi , sous Néron , la victime , expirant ,
Ou de la Cazouba le tableau vulnérant. (1)
Que la hiène , en fureur , par manque de pâture ,

---

(1) Nos soldats , en entrant dans Alger , trouvèrent l'Hôtel-
de-Ville rempli de cadavres. Ils appartenaient aux prisonniers
français assassinés avant la descente et l'assaut. Cet Hôtel s'appelait Cazouba , et les susdits cadavres étaient rangés , en ordre
barbare , comme par dérision et bravades, à nos menaces hostiles.
L'histoire ouvre largement ses pages à la punition des assassins.

Exhume les débris de notre sépulture.
Dirai-je comparais, immonde et grand bûcher,
Dont ma prose et mes vers n'osent point approcher.
Torquémada, lui seul, coupable te rappelle ;
Et le juif s'en prévaut d'une gloire éternelle.
Puisse des chastes sœurs, l'élan audacieux
S'appaiser, sur ta honte, en vol silencieux.
    Corbeaux, frères du deuil, vautours amis des pestes,
Aux champs Massiliens, tels ont été vos restes.
Loup, à jeûn, le débris de ta voracité,
Dans un bercail surpris, fut-il mieux imité ?
Il est vrai : peu souvent, les neiges des montagnes
Te poussent, assassin, aux fertiles campagnes.
Cacus est éternel, en horribles trépas,
Et les charniers humains font suite à ses repas !
    Si poursuivant, encor, nous voulons, par des rimes,
Du Belluaire humain, préconiser les crimes.
Il nous faut, aussitôt, le clairon de l'enfer,
Sa tympanique voix et cent bouches de fer.
Il nous faut, sur les pas du monstre que l'on cite,
Pénétrer jusqu'au fond de son immense gîte ;
Y provoquer le jour, par l'éclat d'un flambeau,
En copier le mal, en finir le tableau.
Pour notre Muse, hélas ! en tout point complaisante,
Cette tâche paraît trop dure et trop pesante.
Disons, inabordable ! à moins, qu'à ses efforts,
Lucain et Crébillon n'ajoutent leurs accords.
Encore, faudra-t-il, avant qu'elle s'adresse,
Et dise au combattant dont l'honneur l'intéresse,
Alcide, pouvons-nous, après tant de travaux,
Frapper d'autres tyrans, vaincre d'autres rivaux ?
    Sans doute, après le cours d'une sanglante guerre,
Tu cherches le repos, dans un coin de la terre.
Un bocage survient, et pour t'y soulager,
Tu quittes ton armure et tu deviens berger.
Dieu ! tu trouves facile, en ce lieu de délices,
De te pourvoir, soudain, de cent belles génisses.
Tu dis, je veux encor ! et plus obéissants
Accourent, sous tes lois, cent taureaux mugissants.

Vaste et terrible peau , du lion de Némée ,
Resteras-tu , longtemps , dans la honte inhumée?
De cent combats divers glorieux monument ,
Tu voudrais le redire , en long rugissement !
L'on ne t'écoute plus : ou l'on t'écoute , à peine ,
Comme antique rappel , d'une époque incertaine.
Le crime, cependant , est déjà reparu ,
Le mal triomphe , encor , Cacus est accouru !
Cacus , monstre et géant , du haut d'une colline ,
Explore , jusqu'au loin , les champs qu'elle domine.
Dangereux malfaiteur ! infortunés voisins !
Colons sauvez vos grains , vignerons vos raisins.
Bûcherons, gardez-vous , en manœuvre Silvaine.
Du résultat mortel , d'une attaque soudaine.
Où la serpe à la main , et d'un bras raffermi ,
Cent , contre un , combattez ce coupable ennemi.
Tyran usurpateur, des trésors de la terre ,
Le crime est sa justice et ses lois sont la guerre.
Alcide dieu berger surveille ton troupeau ,
Aux ruses du renard , il joint l'œil du corbeau.

Cacus, fils de Vulcain, demi-dieu , par son père ,
Pressent , d'un dieu voisin , la puissante colère.
L'avenir est son droit : or , pouvant tout prévoir ,
Pour la première fois , il s'impose un devoir.
Attendons : se dit-il, que le pâtre en retraite ,
Ranime les échos , du son de sa musette.
Pendant que des ruisseaux retentiront les bords ,
Ou qu'un sommeil trompeur suivra ses doux accords ,
En ses clos , à mon choix , quatre belles génisses ,
A mon troupeau futur , seront d'heureux prémices.
C'est trop peu ! je prétends , en même sûreté ,
Joindre quatre taureaux , à l'exploit médité.

O surprise , bientôt ! ce n'est point par la tête ,
Qu'il conduit , au secret , sa coupable conquête.
Loin de lui, tout moyen qui d'un premier venu ,
Dès un premier abord , peut être reconnu !
C'est la queue , en ses mains , c'est par force et mesure,
Qu'il contraint l'animal , en retrograde allure.
C'est le plan de Cacus ! voisins consolez-vous ,

Riant de ses succès, il brave vos courroux.
Cherchez et poursuivez : l'enquête nécessaire
Ne rencontre, du vol, que la marche contraire.
C'est lui qui vous soutient, par preuves, en valeur,
Qu'après l'avoir volé, vous lui criez : voleur !
   Ainsi pense le traître, il ne sait point qu'Alcide
Est Messager, du ciel, contre la main perfide.
Que dans le droit commun, s'il ne pardonne rien,
De même, il doit justice, au voleur de son bien.
Dérogeant, à l'honneur du héros, sur la terre,
Cacus de son aïeul, excite la colère.
Petit-fils du Tonnant et fidèle, au devoir,
Par céleste reflet, il pouvait tout prévoir.
   Déjà, du jour suivant le char crépusculaire
Rencontre le héros, en sa marche ordinaire.
O surprise et douleur ! dès l'abord au bercail.
Il reconnaît désordre et manque, en son bétail.
D'autre part, l'Esprit-Saint qui l'éclaire et l'anime,
D'une furtive main, lui proclame le crime.
Mais, d'où vient le voleur ? par où s'est-il enfui ?
Sont deux secrets perdus, dans l'ombre de la nuit.
En même temps, l'écho des bruyantes montagnes
Reproduit ses clameurs, dans les vastes campagnes.
Reconnais-tu Cacus sa gigantesque voix ?
En ce jour, trembles-tu, pour la première fois ?
   L'on ne peut s'y tromper ! déjà d'une main forte,
Tu pousses le rocher qui s'ajuste à ta porte.
Porte plus sûre, encor, par les arrêts de fer,
Sous les soins paternels, du brûlant Mulciber.
Alcide, à ses clameurs, joint le bruit de ses armes ;
Ses vaches et ses bœufs répètent ses alarmes.
Croirait-on, cependant, que le héros surpris
Entend des cris lointains répondant, à leurs cris ?
Ils sont bas, enroués, ils arrivent, à peine,
Mourant sur l'horison, d'une lugubre plaine,
Tel, du héron clapi, le refrain roucoulant
Traverse les déserts et finit en roulant ;
Ou, tel l'immense bruit que l'Océan engendre,
En rumeur insensible, au loin vient se répandre.

N'importe, c'est assez ! Alcide les entend !

Il dit, tout aussitôt, qu'il veut ce qu'il prétend
Abattre le voleur, d'une main prompte et sûre,
Ou dans son antre impur, trouver sa sépulture.
A ces mots, retournant, à l'arsénal poudreux,
Il reprend son carquois et son chêne noueux ;
Puis, lion rugissant, dans sa juste colère,
Menace les humains, des fureurs de la guerre.
Réponds, Dieu des combats ; as-tu, dans ton courroux,
Temps jadis, préparé de plus terribles coups ?
Du trône olympien, est-ce un maître qui tonne ?
Serait-ce Albuféra qui frappe Tarragonne ?

Bientôt, comme un faucon, de ravine en rocher,
Il vole, en maudissant, celui qu'il vient chercher.
Hélas ! qu'il cherche, envain ; dans l'immense étendue,
Après tours et détours, rien n'arrête sa vue.
Rien ne fixe ses pas ! va-t-il poursuivre encor,
Autres trois ans complets, la biche aux pieds en or ?
Il marche, il erre, il court : une augurante roche
A surpris son regard, il s'arrête, il s'approche.
Elle est sombre, non moins, que le noir Flégeron,
Et d'immondes débris siègent à l'environ.
Est-ce la race humaine ? est-ce la ruminante,
Qui souille ses abords, d'un comble d'épouvante ?
Ces restes que l'on voit digérés, à demi,
Sont-ils un excédant que Cerbère a vomi ?
N'importe ! le héros, sous l'effet qui l'anime,
Aspire à la justice, il reconnaît le crime.
Disons que son bétail, pour la troisième fois,
Répond, en mugissant, reconnaissant sa voix.

Il circonscrit, soudain, la masse granitaire ;
Cherchant l'abord secret, du coupable repaire.
Éole, tout au plus, pourrait suivre ses pas.
La foudre, moins que lui, présage le trépas !
Hydre est-ce le sifflet, de ta gueule béante ?
Ou le frémissement, de sa bouche écumante ?
En effet : il frémit, il voit la sûreté,
Par la pierre et le fer, d'un manoir habité.
surprise ! ô héros ! quelle juste vengeance,

Prépares-tu , soudain , dans ta vaste puissance ?
Répondez , ô mes vers , et par honteux oubli ,
Ne laissez point tel fait , sous l'ombre enseveli.
  Rocher volumineux , quelle main prompte et forte ,
Dit Alcide , en lui seul , peut te placer , en porte ?
Les coursiers , du soleil , au magique pouvoir ,
Sur un parfait niveau , ne pourraient te mouvoir.
Et toi , Titan nouveau ! quelles sont tes excuses ,
D'avoir joint , sur moi-même , et le vol et les ruses ?
Voudrais-tu , par le crime , une dernière fois ,
Enfreindre la justice et te soustraire aux lois ?
Arrive , au tribunal , audacieux perfide :
Et tremble , pour tes jours , devant le grand Alcide.
Je suis juste et mon bras , à vaincre accoutumé
Peut-il bien te laisser impuni renfermé ?
Quand courant , au bienfait , dans une longue guerre ,
J'ai purgé , des brigands , l'une et l'autre hémisphère ;
Quand pour dernier tribut , mon équitable main
Doit ton supplice ignoble , au sang du genre humain.
Ouvre , au nom de la loi , prompt à l'obéissance ;
Et soumis , à mes pieds , prouve ton innocence.
Ou dans une heure , au plus , de ton antre profond ,
La porte , en mille éclats , va laisser voir le fond.
Du droit , contre le tort , c'est la trop juste lutte ! (1)
Ouvre , pour commencer , j'attends une minute !
Es-tu prêts au combat ? je brûle de savoir
Quels seront , contre moi , ta force et ton pouvoir.
  A ces mots , le héros déposant son armure ,
Saisit , en ses deux mains , la rigide serrure.
Puis , aux premiers succès , de ses bras agissants ,
Il joint et ses fureurs et ses efforts puissants.

---

(1) Observez , lecteurs , qu'Alcide fait ses excuses sur l'infrac-
tion qu'il va faire , contre le droit des gens. Ce vers ,

Du droit , contre le tort , c'est la trop juste lutte ?

était un devoir , pour lui, en sa qualité de héros et demi-Dieu.

Bientôt, tout cède ensemble , et le fer et la pierre ;
Le roc , avec fracas , tombe dans la rivière.
Tels , sur le mont Ida . par les vents déchaînés ,
Les frènes abattus , sont au loin entraînés.
Tel , le bloc renversé , par divine puissance ,
Obéit à l'essor , roule par pondérance.
Que de murs en débris ! que d'arbres fracassés !
Vous les suivez , bétails sanglants et concassés.
Le torrent suspendu , dans sa bruyante course ,
Voit refluer ses eaux , du côté de leur source ;
Et d'autre part , au sein , d'un montagneux désert ,
Un enfer souterrain se montre à découvert.

 Dirai-je , à découvert et la gueule béante ,
Étalant au regard un gouffre d'épouvante !
Peindrai-je des brisans mourant en tourbillons ,
Ainsi que des follets meurent , sur les sillons.
L'immense et noir géant de sa bouche enflammée ,
Prolonge les volcans , d'une épaisse fumée.
Tels , du haut Montgibel, les flots avant-coureurs
Signalent , à nos yeux , ses prochaines fureurs.
Cocyte ténébreux , portiques du Ténare ,
Et toi gouffre inhumain que la mort nous prépare ,
Dans l'antre de Cacus , par des tableaux en pleurs ,
Vos voûtes sont des cieux , vos cyprès sont des fleurs.
Bientôt , par son pouvoir , une nuit éternelle
A ravi du soleil , la dernière étincelle.
Le héros , cependant , dans un suprême effort ,
Veut mourir de sa main , ou lui donner la mort.

 En ce but glorieux , insensible aux alarmes ,
Pour la seconde fois , il renonce à ses armes.
Et dans les flots noircis , avançant à grands pas,
Il cherche chez Cacus , la palme ou le trépas.
Ce dernier retranché , dans un étroit repaire ,
Joint à la voix de l'ours , le langage asinaire.
Il s'accorde au sifflet des reptiles divers ;
C'est le strident aboi des monstres des enfers.

 Léopard , tour-à-tour , il gronde en sa tanière
Ou lion rugissant , il dresse sa crinière.
Le monstre voudrait-il , sur les pas du héros ,

-Rétablir les terreurs de l'antique cahos ?
Voudrait-il plus encor ? Hélas ! que peut le vice,
Contre un assaut céleste, au nom de la justice ?
Que peuvent ses vains cris, dans une obscurité,
Aux pieds d'un combattant qui marche en sûreté ?
Qui court et le poursuit, le saisit, dans un angle,
Le presse par sa force et dans ses bras l'étrangle.
Le monstre, en vains débats, met en jeu, tour-à-tour,
La mâchoire du sphynx, les armes du vautour.
Il fait plus ! il vomit, de sa bouche expirante,
Dans les yeux du héros, la flamme pullulante.
Mais, ainsi qu'Aristée, autrefois, nous dit-on
Arrivait, aux secrets d'un demi-Dieu Triton ;
De même, ce vainqueur de toute résistance,
Arrive, au dernier but, de sa vaste puissance.
C'en est fait de Cacus ! hôtes de l'Aventin,
Parez-vous de lauriers, mettez-vous en festin.
Ce géant qui tonnait, d'une voix forte et fière,
N'est qu'un cadavre impur roulant dans la poussière,
Envain, menaçait-il d'engloutir l'univers.
Il déchoit, à son tour, menacé par les vers.
Il meurt : son sang immonde a franchi ses limites,
Et ses yeux exprimés ont quitté leurs orbites.
Déjà, de son vainqueur, les cris réitérés
Rappellent l'âge d'or, aux voisins libérés.
   Mais, quel chœur éclatant, quelles promptes merveilles
Retentissent dans l'air, et charment les oreilles ?
Quelle muse du ciel, la trompette à la main,
Etablit un signal, parmi le genre humain ?
Serait-ce que Mégère, à la corne sonnante,
Convoque au champ du deuil, propage l'épouvante ?
Mégère dont le glaive, en pique au drapeau noir,
Est la clé, nous dit-on, de l'éternel manoir.
Non ! c'est l'aimable Iris, aux parures modestes,
A l'immense contour, aux trois couleurs célestes.
C'est elle dont la voix messagère des airs
Proclame que Cacus retourne en ses enfers.
   Venez, en longs essaims, oiseaux que l'air agile
Peindre en ses mouvements, un peuple allant au gîte.

Oh ! quel drame frappant vient surprendre les yeux !
Un fantôme infernal, en cadavre odieux !
C'est peu qu'un sang impur, de sa bouche vorace,
Circule, en noircissant, se concentre et se glace ;
Que les feux dirigés, contre ses assaillants,
Se prolongent encor, en reflets pétillants.
Dirai-je, c'est trop peu, qu'en ses noires murailles,
Siége l'indigne prix de ses longues batailles !
Une Nymphe expirante, en sa captivité,
Réclame, au nom des lois, sa mise en liberté !
Nerine, n'est-ce point ? Ce nouveau Polyphème
T'opprimait, nuit et jour, de ces deux mots, je t'aime !
Esclave de dix ans, libérée en ce jour
Vierge, tu combattis son impudique amour.
Envain, pour le charmer, dans sa coupable lutte,
Débile séducteur il exerce sa flûte.
Pour te contraindre, envain, des chaînes et des fers
Par lui, sont empruntés, aux forges des enfers.

Héros et demi-Dieu, par tes mains opportunes,
Que de droits rétablis, que d'immenses fortunes !
Alcide ton triomphe est encore une loi
D'avoir vaincu, pour tous, en combattant pour toi.
Cacus, ne reçoit point, sur l'autel granitaire,
Ni l'honneur du bûcher, ni l'urne cinéraire.
Son tronc décapité, réduit en cent lambeaux,
Sert d'exemple aux Néron, loin des humains tombeaux.
Chacun veut, empruntant les ongles de Cerbère,
Venger la mort d'un fils, d'une épouse, d'un frère.
Cent crient, d'une voix, c'est mon père, en ce jour,
Qui revit par mes mains, et te frappe à son tour.

Tu tombes, vil Cacus, et ta chute est rigide,
Grâces, au bras puissant, de l'invincible Alcide.
Bientôt, sous un pouvoir dont la base est ta mort,
Tes champs sont répartis, tes bœufs tirés au sort.
Tes meurtres incessants et les longues rapines
Ont enfin provoqué les justices divines.
Par elles, dans un droit dont tu fus l'ennemi,
Tu revois les enfers qui jadis t'ont vomi.

Muses de l'Hélicon, chastes sœurs du Permesse,

A vos doctes leçons , en ce jour , je m'adresse.
Voudriez-vous me complaire , une dernière fois ,
En réglant votre lyre , aux accords de ma voix.
Ce n'est point que je vienne , au profit de la rime ,
Intercéder pour elle , en oraison sublime ,
De l'immortel flambeau , je ne veux qu'un rayon ,
Pour illustrer ma plume et guider mon crayon.

Mais , non ! j'erre Seigneur, Dieu du Ciel que j'adore
O toi , qu'à chaque instant , je supplie et j'implore !
N'importe que Phébus me verse ses brasiers ,
Ou que sous l'Océan il plonge ses coursiers.
Dirai-je quand Borée , en ses fureurs me glace !
Ou quand l'aimable Flore en bienfaits le remplace.
Heureux ! si menacés , d'un éternel néant ,
Tous ! depuis le bas nain , jusqu'au plus haut géant ;
Je peux , en finissant , sauver un dernier reste ,
Sous l'égide sacré , de ta bonté céleste.
Oublie , en attendant , si trop audacieux ,
Je m'écrie , en ce jour , et dis au Roi des cieux.

Réponds , ô roi des vers , est-ce un Dieu qui m'inspire?
Où seraient-ce mes doigts seuls qui règlent ma lyre?
Oh , non ! ce que j'ai dit , je redis mille fois !
Mon cœur comprend , assez , ton royal porte-voix.
Par lui , par les accords , de sa noble entremise
J'exhume Mazagram et j'évoque Cambise.
Je dis plus , ô Seigneur ! C'est par tes hauts décrets ,
Que du chantre Toscan je traduits les secrets.
C'est par ta volonté que sa voix me rappelle
Qu'il est après la mort une gloire immortelle.
Pardon Toscan ! Si jeune , en mon premier début ,
Je ne t'ai point payé d'un plus noble tribut.
Homme , au volcan divin dont la flamme m'éclaire ,
Je te devais , sans doute , un plus juste salaire ,
Ah ! de mes anciens torts , je reviens devant toi ,
Le repentir , au cœur , te criant , en émoi.

Etoile de Crémone ! ô glorieux Virgile !
Mieux qu'Horace , tu joins l'agréable et l'utile.
De plus , cygne volant sublime jusqu'aux Dieux ,
Chantes des vérités , en cris mélodieux.

Par toi, le sol natal, en dépit de Mantoue,
Revit, la palme en main, exhumé de sa boue.
Sous leurs tentes d'azur, ses champs Apriliens
Seront, toujours, hupés des toits Virgiliens.
Contre l'assaut du temps, contre sa faulx avide,
L'églogue d'une main, de l'autre l'Énéide,
Ils iront triomphants, sans risques à courir,
Quand tout vient. sous ses lois, paraître pour mourir.

Venez, à votre tour, peuples voisins du Tibre,
Seconder mes accents, d'une voix forte et libre.
Venez, en ce beau jour, sur la mort de Cacus
Complimenter Alcide, au temple de Bacchus.
Filles et jouvençanx, en cette immense fête,
Du peuplier bicolore, entourez votre tête (1).
Cymbales, clavecins, musettes et haut-bois
Débordez les échos et soulevez les toits.
Quels transports plus puissants, quelle plus douce ivresse,
Peuvent nous ranimer, en ce jour d'allégresse?
Cacus tombe, il expire et son saug vénéneux
Noircit, en long torrent, son palais caverneux.
Nous te devons ce soin, ô magnanime Alcide !
Minerve t'inspira, Mercure fut ton guide.
Séjourne, parmi nous, Dieu que nous bénissons;
Ou si tu pars, du moins, écoute nos chansons.

Invincible, immortel, tu prolonges ta course,
De l'aurore au couchant, du midi jusqu'à l'ourse.
Ton instrument noueux fatal, à Gérion,
Du rocher Néméen terrasse le lion.
Des oiseaux assassins nuisaient au voisinage;
Tu les poursuis, à mort, sur un bourbeux rivage,
Tu donnes le trépas et prends la toison d'or,
Au monstre mi-taureau gardien de ce trésor,
Envain, l'Hydre de Lerne, à tes assauts terribles,

------

(1) Populus bicolor, ita vocata quia, simul pallens et viridit est. Herculis arbor erat. Ut quercus jovis. Ut myrthus veneris. Ut laurus apollinis. In custodia deorum stabant omnes arbores et arbus culæ.

Oppose le combat, de sept têtes horribles.
Elle meurt sous tes coups, et son sang infecté
Transmet, à ton armure, un poison redouté.
Plus tard, par son pouvoir, tes flèches immortelles
Font croûler Illion, avec ses citadelles.
Capys, Hector, Priam, si longtemps combattus,
Par elles, en un jour, vous fûtes abattus.

C'était peu, cependant, pour ta juste colère,
D'avoir donné la mort, aux monstres de la terre.
Un honneur glorieux, en messages divers,
T'appelait triomphant, au plus bas des enfers.
Hélas ! pourrai-je encor, sur l'aile de mes rimes,
Te suivre défaillant, jusqu'en ces noirs abîmes ?
Pourrai-je voir Minos prompt en ses jugements,
Suprême inquisiteur et maître en châtiments ?
Entendrai-je, de lui, la sentence immuable,
Contre Procris l'infâme et Phèdre la coupable ?
Ah ! sont-ils grands les torts qu'il peut leur reprocher !
Procris, de son époux, outrage le bûcher.
Phèdre oubliant les lois, d'une pudeur austère,
Ose appeler le fils, au lit sacré du père.
Survivez, leur dit-il, tant que le temps ira,
Aux pleurs, d'un long remord, que rien ne tarira !
Mais, passent ces forfaits ! des crimes plus célèbres
Attendent tes regards dans des lieux plus funèbres.
Avant d'heureux damnés, sous des saules en pleurs,
Boivent des longs oublis et des sûres liqueurs. (1)
Cent mille milliers peuplent ce vaste empire.
Leur foule est un essaim que l'on n'ose décrire.
Tels des grains sablonneux dans des immensités,
Sur les ailes du vent se montrent agités.

------

(1) Securos latices et longa oblivia potant. (VIRG.)

Nous ajoutons que si les morts n'avalent point des liqueurs déli-
cieuses et certaines, ils avalent sûrement les longs oublis.

Ce vers sombre est un des plus concluants de l'Énéide. C'est
l'image de la mort. C'est l'éternité de notre repos terrestre.

Tu rencontres plus loin , le nautonnier barbare
Dont la barque conduit , aux gorges du Tenare.
Cerbère, à ton abord , ne s'est point élancé ;
Le patron te reçois , contre un devoir tracé.
Tu vogues avec lui sur les lugubres ondes ;
Tu franchis les roseaux et les marais immondes.
Bientôt , ayant mis pied , sur un noir riverain ,
Tu vois des murs en fer , des portes en airain.
Dans ces prisons sans fin , sous des nuits éternelles ,
Renaissent des tourments , aux œuvres criminelles.
Soyez justes mortels , et par crainte des Dieux ,
Éloignez-vous , toujours , des actes odieux.
L'un jura , sur le Styx , vaincu par sa furie.
L'autre , pour l'or impur , a vendu sa patrie.
Plus coupable un troisième et de même agissant ,
La soumise au fléau , d'un maître tout puissant.
   Cet élu , nous dit-on , abusant des suffrages ,
A composé des lois , en ses seuls avantages.
Il exploita , la veille , au détriment humain ,
Le décret révoqué , par lui , le lendemain.
O combien et combien ! gémissent , sous ses ombres !
Je ne finirai point , pour en dire les nombres.
Mais , d'où viennent ces pleurs ? entendez-vous ces cris ?
Je dois encor , deux mots , aux auditeurs surpris.
Ce sont deux condamnés , pour cause dominante ,
Au fouet perpétuel , du fougueux Rhadamante.
Digne frère , à Minos , il siége en son barreau ,
Comme auditeur , témoin , instructeur et bourreau.
   De son bras foudroyant , en ce dernier office ,
Sur deux monstres humains , éclate la justice.
Il frappe et frappe encor ! de sa férule en fer ,
Retentissent les nœuds forgés par Mulciber.
Les chairs cèdent , aux coups de la dure lanière ,
Et le sang , en ruisseaux , devient une rivière.
O Roi des châtiments ! vous qui vivez humains ,
Au besoin malheureux , courrez tendre les mains.
Le père à celui-ci , dans un enfant inique ,
Ressentit l'instrument, du planteur d'Amérique.
La mère , à celui-là , nue et mourant de faim ,

A la porte d'un fils , n'a point trouvé de pain.
Ceux dont il sauve l'enfance et la jeunesse ,
De leur soleil mourant , outragent la faiblisse.
A-t-on vu le lion dont la force mùrit
Mettre en sanglants lambeaux la main qui le nourrit ?
Voyez ce léopard rugissant de colère ;
Il respecte pourtant la bonté d'une mère.
Chez lui l'assassinat n'est point le prix du lait,
Premier don naturel qu'un sein lui distillait.

    L'on ne nous vit , jamais ici bas, sans mélange ;
L'homme peut être faible , il naquit de la fange.
Mais , tout beau ! n'allons point copiste de Boileau ,
Mettre le genre humain , tout au même niveau.
Si d'un vice odieux le temps montre l'exemple,
Il est une vertu que la raison contemple.
Elle renaît en vous , Bossuet , Massillon !
Vous l'illustrez , de même , et Mayenne et Crillon.
Immortelle , non moins , de merveille en merveille ,
Elle vous suit encor , et Racine et Corneille.
Il est vrai , pourtant vrai ! qu'une dose en excès ,
Brise enfin , la victoire et fixe le succès.
Du plus , l'on passe au moins ; ainsi fit Alexandre.
Napoléon-le-Grand ne pouvait que descendre.
Cessez Pégasiens , l'élan audacieux ;
Ou comme ces vainqueurs , vous tomberiez des cieux,
A ses vols déréglés , l'on reconnaît Homère.
Il plane sur l'Olympe , il rampe sur la terre.
Virgile qui le suit , à la hauteur qu'il faut,
Prolonge son triomphe , il survit sans défaut.

    Instruit , par Phaéton et la chùte d'Icare ,
Des solaires abords, je fus toujours avare.
Titan , au rez du sol , agresseur effrayé,
Je fuis , par Jupiter , me croyant foudroyé.
Phébus envain , me dit , sur l'aile de Pégase ,
Tu peux franchir le Pinde et courir le Caucase.
Je crains trop les écueils qui peuvent m'accrocher
Et de mon mi-chemin , me faire trébucher.
C'est dire , je crains tout , de la rigide enquète ,
Qui dresse le procès que l'on fait au poëte.

Le plus noble écrivain n'est point sans ennemis ,
Au caprice d'un juge , il se trouve soumis.
Vos pages , dira-t-il , n'étalent autre chose ,
Que l'art de cadencer la rime ornant la prose.
Envain , pour plaire au cœur , vous prodiguez le soin ;
Vos vers, à demi lus , vont pourrir dans un coin.
Tel est le point d'arrêt qui seul nous embarrasse ,
Quand nous prenons l'essor pour monter au Parnasse.
Pourriez-vous , ô Neuf-Sœurs , et toi sévère Dieu ,
Permettre un point moyen , l'établir en tout lieu ?
Hélas ! ne jurez plus , de ne trouver la rime ,
Que sur le Mont sacré , que sur sa haute cime.
Ou sourd , à vos serments , et loin de sa hauteur ,
Je reprends mon Alcide et dis à mon lecteur.
      Mais , ce héros perdu sous des sombres portiques ,
Avance sans effroi , sous leurs voûtes antiques.
C'est envain que des sphynx , des gekots , des lézards
Fourmillent , sous ses pas , au milieu des hasards.
Il marche sur leurs rangs , les écrase et les foule ,
Ainsi que des limas dont nous brisons le moule,
L'assaillant survient-il : d'un seul coup arrêté ,
Il meurt sous l'instrument noueux ensanglanté.
S'il est vrai , qu'en secret , le lumineux quadrige ,
L'éclaire et le conduit du triomphe au prodige ;
A votre tour , Iris , Mercure et Phaéton ,
Précédez son abord , au palais de Pluton.
Et toi reine Alecton , redis en témoignage ,
Quel fut , de ce héros , l'audacieux langage ,
Pour lui , du noir Averne , au splendide univers ,
Fais entendre ta voix et parle par mes vers.
      Salut , Roi des enfers ! Salut, ô Proserpine !
Pour une fois , dit-il , devant vous je m'incline.
Connaissez Alcide et ses faits glorieux
Qui l'ont mis, pour toujours, au rang des premiers Dieux.
Cet Alcide , lui seul , mais fort de son audace ,
Pour chaque malfaiteur , vous demande une place.
L'accordez-vous , soudain ? ou sans plus contester ,
Voilà l'arme et la main qui vont la disputer !
      Avez-vous fait justice , aux horribles messages ,

Des brigands abattus , dans mes divins passages ?
Avez-vous condamné le tyran Gérion ?
Aux tours perpétuels , de l'orbe d'Ixion ?
De Minos , avez-vous employé l'intermède ,
Pour joindre à ses douleurs , celles de Diomède ?
Et tant de scélérats morts , dans l'impunité ,
Ont ils été reçus comme ils l'ont mérité ?
  Oui, je réponds , pour vous , en ma ferme assurance,
Que Thémis, en vos mains , a remis sa balance.
Merci ! pour le présent. Passons à l'avenir !
Je vous signale , en lui , d'autres torts à punir !
Dans les Gaules surtout surgiront des coupables ;
Tenez-vous avertis , soyez inexorables ;
Et dans le gouffre ardent , des tourments inouis ,
En grillage de fer , placez les deux Louis.
L'un par guerre coupable, et l'autre par débauches ,
Du tocsin du suivant agiteront les cloches.
Dirai-je , ils pousseront aux mains d'un vil bourreau ,
Leur héritier déchu, du trône au tombereau ! (1)
  Honteuse impunité ! Pardon, ô Louis seize !
Si dans ton noble sang un grand peuple s'appaise.
Pouvait-il, dans le coup qu'il avait a frapper ,
Novice souverain , punir sans se tromper ?
Auteurs qui consacrez votre plume à l'histoire ,
Laissez en blanc ce fait d'odieuse mémoire.
Ou le fouet, à la main , trônant au Parlement ,
Abusez du pouvoir , jouez du châtiment.
Tantôt obéissant au désir qui vous presse ,

---

(1) L'histoire dit , assez , que les guerres inutiles de Louis XIV, et les désordres honteux de Louis XV entraînèrent la révolution dont l'infortuné Louis XVI fut victime. Ce prince se voyant onéré, d'une dette immense, reconnut le besoin de la payer , pour pouvoir plus tard soulager son peuple en conséquence, après avoir convoqué la noblesse et le clergé dont il ne put rien obtenir, il convoqua le peuple lui-même. L'on connaît les suites fâcheuses, pour lui , de cette imprudente convocation. Il pouvait, sans doute , à l'exemple de Louis XV, crier à la révolution qui avançait à grands pas : Attend que je n'y sois plus ? En laissant , ainsi , à Louis XVII, le fardeau dont ses prédécesseurs l'avaient chargé lui-même.

Courrez insouciants , de maîtresse en maîtresse.
Décuplez les impôts , épuisez le trésor,
Dépossédez la France et régnez à prix d'or.
Vous aurez, comme rois , gouverné par le crime ,
Composé l'instrument , préparé la victime.
Autocrates Français , despotes et tyrans ,
Les Cromwell , à coups sûrs , frapperont dans vos rangs.
Tel serait l'argument : si plus prompts dans la lice ,
Nous n'entrions , à regret , par ces cris à justice.
Thémis , sur Louis seize, aveugle en ton courroux ,
Ta main , contre le juste , a dirigé ses coups !
Nous le savons , pourtant , le ciel criait vengeance !
Son jour n'arrive point, la Nation s'élance ;
Et Bellone , à couvert du bouclier de ses droits ,
Elle frappe , en raison, mais pèche par le choix.

   Nous te devons deux mots, vertueux Henri quatre !
Si tu poursuis , du moins , c'est par droit de combattre ;
Et sur les champs poudreux , tes redoutables mains ,
Après avoir tombé relèvent les humains.
Moins heureux , quand le ciel te guide et te contemple,
Tes royaux successeurs oubliront ton exemple.
C'est en vain que ton règne , à deux pas fera voir
Des popularités , le fidèle miroir.
Tu vivras , ô grand Prince , il faut que je le dise !
Sur le marbre et par l'or , avec cette devise.
Mieux que vous Sénateurs , du monde Américain ,
Henri , le grand Henri fut vrai républicain !
Il le fut sans mesure , et son trépas tragique
Proclame assez l'amour de la Chose publique. (1)
O dernier âge d'or , reçois mes souvenirs ,
Et vole , par ma plume , aux plus longs avenirs !

---

(1) Place à la voiture du Roi ! crie le duc d'Épernon. Non ! répond
le Monarque, en arrivant sur le Pont-Neuf. Arrêtons-nous, pour
laisser écouler la foule. Le peuple a ses affaires, et nous n'avons qu'à
souper, en arrivant chez nous. C'est en ce moment, d'attente pater-
nelle, que la main d'un scélérat , vient terminer des jours si précieux,
pour l'humanité.

Vcus qui forgez les clés , de l'éternel supplice ,
Forfaits du genre humain et divine justice ,
Ouvrez , à deux battants , à la coupable loi ,
Du crime revêtu du manteau de la foi. (1)
Fauteurs , vous peindriez-vous , des humaines entrailles ,
Les mises en lambeaux , par d'horribles tenailles.
Vous décririez envain , d'un Régulus nouveau ,
Et le coteau Déclive et le roulant tonneau.
Vous seriez loin , bien loin ! dans vos sombres peintures ,
Des rigueurs des enfers , de leurs graves tortures.
Préparez-vous plutôt , au flot rouge et coulant
D'un minerai rongeur , d'un sulfure brûlant.
Tantôt du haut d'un ciel , des éclats granitaires
Tombent , sur vos délits , en pluies lapidaires ;
Et pour comble du mal , dans un goufre à souffrir ,
L'on meurt et l'on renaît , pour encore mourir.
De l'immortel phénix , c'est dire que la fable ,
Passe du faux au vrai , du calme au redoutable ;

---

(1) Nous touchions à la fin de l'année 1849 , au moment même ,
que l'impôt indirect allait être supprimé, le 1er janvier 1850. Tout-
à-coup, un député partisan de sa prorogation ; s'écria en pleine tri-
bune , que soutenir l'impôt est soutenir la religion ! Il est certain
que ce député mentait sciemment en sa conscience ; et c'était par
crainte qu'un impôt plus onéreux , sur la propriété , ne vint rempla-
cer celui qui pèse , plus particulièrement , sur la plébécule et le tra-
vail. Outre que nous pourrions, en matière philosophique, lui prouver,
que soutenir l'impôt n'est point soutenir la religion. Nous lui ré-
pondons, par cette conclusion rationnelle, irrécusable et probante,
au premier point de vue. Probante, en effet ! Car comment veut il
que le prolétaire puisse faire son offrande Dominicale, si le fisc
hebdomadaire , de la régie, en a déjà sevré sa bourse. Soutenez et
soutenons la religion ! C'est louable et glorieux ! Mais , au profit de
la fortune, et par un mensonge odieux, n'allons point trouver l'appui,
sur le haillon de l'indigence.

Nous reviendrons, plus tard, sur cette question, dans le flatologuc
prolétaire ; nous prouverons , évidemment, qu'il y a incompatibilité,
entre la religion juste et l'impôt indirect ; et qu'en conséquence l'on
ne peut , uniment , soutenir deux choses , diamétralement opposées.

Pour le moment, c'est une justice d'appliquer sur le front du député menteur, ces sublimes paroles de Virgile :

. . . . , Quid non mortalia pectora cogis, auri, sacrâ fames?

Sous un Dieu, seul vrai Dieu tout puissant par ce vers :
Soleil sors du néant , éclaire l'univers !
    Je finis, Déités ! mais accordez par graces
Aux champs Élyséens, en deux illustres places ,
Un trône glorieux , au docte Fénélon ,
Une colonne en bronze , à l'abbé Michelon.
Également tous deux , en leur conduite austère ,
Ils seront au devoir du chrétien et du frère ;
Ils marcheront, ensemble , à l'immortalité ,
Par le rappel , en or , justement mérité.
    Sans doute, du dernier, disciple en ma colère ,
J'ai maudit , trop souvent , la férule sévère.
Enfant pouvais alors de son amère loi
Savoir si chaque coup serait un miel pour moi ?
Je reviens en ce jour, rougissant de ma faute ,
Sur l'Océan des vers , le prendre pour pilote.
Ou du Dieu des splendeurs , empruntant le flambeau ,
Courir à ses leçons , dans le fond du tombeau.
Galliope et Clio dont il m'apprit la fable ,
Vont passer par ses soins , du feint au véritable.
En lice chastes sœurs , hâtons-nous , essayons ,
En véridiques vers, d'illustrer nos crayons.
Mais du moins n'allons point , oublieux de la France ,
Rappeler , en grands mots , Syracuse et Bizance ;
Quand mille exploits divins , en cent combats nouveaux,
Sont écrits sur nos murs , brillent sur nos drapeaux.
    Que par nous , **au séjour** où la vertu repose ,
Le grand Napoléon trouve l'apothéose.
Jamais Mars et Phœbus , de leurs divins lauriers ,
N'ont refusé le prix à ses exploits guerriers.
Roi, protecteur des Rois , Empereur et grand Maître ,
Le ciel brisa le moule, après l'avoir fait naître !
Si son trajet , dit-on , est la flèche dans l'air ;
Il est non moins la foudre et l'éclat et l'éclair.
C'est le flambeau puissant de l'un à l'autre pôle ;
Qui va de peuple en peuple , en fulgide auréole.
O vous qu'un Dieu créa maîtres en oraisons ,
Laissez au loin César et ses vastes moissons.
En dix ans, a-t-il pu , par cinquante victoires ,
Primer sur les héros , de toutes les histoires ?

Peut-il par trois lauriers , sous un même soleil ,
S'établir des vainqueurs le rival sans pareil ?
     Poudreux champ d'Austerlitz , surgis et me rappelle
Ce jour, ce triple jour d'une gloire éternelle.
Par elle , en mon élan , je m'empresse à parler ,
Par sa foudre en fureur , j'ose me signaler.
Disputer à l'oubli la gloire de nos armes ,
Est plaire au cœur français , c'est l'enivrer de charmes.
Voyez le vétéran faible et mourant de faim ,
Aller de porte en porte , en mendiant son pain ,
Et méprisant , en lui , la reine des misères ,
Se plaire au long récit de ses anciennes guerres.
Tel le fougueux coursier dompté par le haras
Est soudain réveillé par l'airain des combats.
     Sur Austerlitz croûlant , l'attaque fulminante
Ne porte plus la mort, mère de l'épouvante.
La foudre cependant , au loin par des éclats ,
Verse encor sur des rangs , ses horribles fracas.
Serait-ce qu'un renfort, avec un immense suite ,
Rétablit l'ennemi dans sa honteuse fuite ,
Quand Phébus , sur son char , nous emporte le jour ?
Non ! Davoust , en vainqueur, s'éternise à son tour.
Son triomphe déjà , par l'accord tympanique ,
Roule dans les échos , et lui-même s'explique.
Demandez , nous dit-il , aux astres radieux ,
S'il fut un tems , un homme , un Roi plus glorieux.
Trois rameaux en un seul , signalent sa puissance !
Le dirai-je au Pérou ? le dirai-je à la France ?
Je le voudrais , hélas ! le puis-je en mes hautbois ?
Si c'est aux chérubins à chanter ses exploits.
Bientôt de voix en voix , le bruit de cette guerre ,
Se propage sur l'onde , il envahit la terre ;
Et la trompette en main , l'archange Gabriel
La proclame à son tour , aux habitants du ciel.
     Je poursuis cependant , j'arrive par des rimes
Aux flamboyants éclats des vérités sublimes ;
Et suivant le héros au champ poudreux de Mars
Je m'éloigne avec lui du branle des hasards.
Il marche en sûreté , guidé par sa sagesse ;

Lent lorsqu'elle permet et prompt lorsqu'elle presse.
Pour frapper en vainqueur des neutres potentats,
Que de fois, aquilon, il franchit les États.
Tantôt se modélant sur Bellone et Minerve,
Annibal il surprend, Fabius il observe.
C'est le faucon dans l'air en fuite et surveillant
Qui descend aussitôt, aux actes d'assaillant.
  Tantôt lion huppé, des couleurs de la France,
Il dresse sa crinière, en sursaut il s'élance.
Ou renard, à l'affût d'un feuillage couvert,
Il dort fermant un œil et laissant l'autre ouvert.
Flatteur, nous dira-t-on, il commande, il dirige
Des bataillons volant, du triomphe au prodige.
Des essaims foudroyants dont le puissant abord
Est le pas de l'audace et le bras de la mort.
Il fut, dès tout principe, au temple de Mémoire,
L'ultra de la valeur, la clé de la victoire.
Par lui seul, ranimés vos périssables vers
S'exhument de l'oubli, parlant à l'univers.
En tête aux combattans, d'une terre étrangère,
Sa gloire se perdrait comme une ombre légère,
Et loin d'un trône altier, sur le dernier cercueil,
Son nom du fleuve noir n'eut point franchi l'écueil.
Vurmzer et Wellington, par le bronze qui tonne,
En tête à des Français, vous étiez sûrs d'un trône.
Et comme ce héros, au rang des immortels,
Dans tous les nobles cœurs, vous auriez des autels.
  Sans doute, mille fois, en sa haute puissance,
Les étrangers vaincus ont reconnu la France ;
Et Louis dont le nom est illustre à jamais,
Temps jadis, comme lui, commandait aux Français.
A-t-il, sans droit divin, dans sa marche première,
Seul frayé son chemin, brisant porte et barrière ?
A-t-il en concurrent, d'un départ roturier,
Mis le pied, sur le trône et la tête au laurier ?
Sa lice était ouverte et sa main souveraine
N'avait qu'à diriger ses coursiers dans la plaine.
Le héros du néant, par sa gloire exalté,
Se doit laurier, couronne, empire, royauté.

Les ruses , il est vrai, de la paix font la guerre ;
Mais surprendre et frapper est un plan nécessaire.
Voyez , par son trépas le prince de Brunswik ,
Ajoutant une tige aux palmes d'Austerlitz.
Pour lui , c'était divin octogénaire et sage
D'applaudir , sur ses champs , l'impérial passage.
Vieux lion il rugit , on vient de l'outrager ;
Et courant , au cercueil , il meurt sans se venger.
    Mais , contre le héros , et menaçant la France ,
D'autre part , nous dit-on , une colonne avance.
Elle peut , à coups sûrs , par un prompt mouvement ,
Suspendre ses exploits , les régler autrement.
Tu vas , pour lui , Davoust ailé de ton courage ,
Et l'éclair , dans la main , foudroyer son passage.
Noble choix du héros , sur tant d'autres guerriers ,
Nul n'a mieux mérité le soin de ses lauriers.
Ce maître dont vingt ans , tu fréquentas l'école ,
Compte sur son disciple , il croit à sa parole.
Tribunes , c'est à vous , feuillets et moniteurs
A publier , pour moi , la suite à mes lecteurs.
Je ne puis , trop étroit , en mes trop courtes pages ,
Décrire , d'un seul trait , deux horribles carnages.
D'ailleurs , Austerlitz croûle et je dois sans retard ,
Son foudroyant tableau , sans couleur et sans fard.
    Descends , fille du ciel , vérité que j'atteste ,
Viens éclairer mon cœur , de ton flambeau céleste.
Viens joindre tes accents mâles et sérieux ,
Aux chants que dirige aux exploits glorieux.
Redis-moi , fulgureuse , en un jour mémorable ,
Quel fut , de nos héros , le combat redoutable.
Parle en voix gigantesque , au genre humain surpris ,
J'ai la plume , à la main , je t'écoute et j'écris.
    Déjà , le char du jour arrive et nous éclaire ;
Mais un épais brouillard , au loin couvre la terre.
Du tambour ennemi , le lointain roulement ,
Signale son départ , feint son éloignement.
Bientôt sa voix se perd et par marche secrète ,
On voudrait nous surprendre , on cherche notre tête.
Tel le loup alléché , par l'odeur du bétail ,

Veut, du berger surpris, s'élancer au bercail.
Conseillé, par sa faim, dans ses projets coupables,
Il choisit, du sommeil, les heures favorables.
Tel et plus subdoleux, par un coup imprévu,
L'ennemi veut frapper, avant que d'être vu.
Dangereux assassin, audacieux superbe,
En reptile agresseur, il se glisse sur l'herbe.
Frappez, Sire, il est temps ! Dit Berthier, en conseil ;
D'un grand jour, à venir, provoquez le réveil.
Non ! répond le héros, avec sagesse et pompe,
L'on doit laisser tromper l'ennemi qui se trompe !
Je l'aperçois déjà, découvrant son erreur ;
Il fait battre la charge, il revient en fureur,
Étalant, à mes coups, dans un plus court espace,
De ses soldats doublés, une plus large masse.
A l'instant, mille feux partent de mille mains,
L'airain tonne et l'obus refoule les Germains.
    Du lion rugissant, mais pourtant mis en fuite,
Peignons-nous, en deux mots, la bruyante poursuite.
Un rocher, un buisson, ou tout autre embarras,
De sa prudence, à fuir, vient arrêter le pas !
Il rappelle, aussitôt, son courage, il s'élance,
Sur l'essaim agresseur qui contre lui s'avance ;
Et Roi, dans ses fureurs, sur ses flots imprudents,
Armes, chiens et chasseurs sont brisés par ses dents.
De même des Germains, la puissante cohorte
Veut arrêter le feu qui la brise et l'emporte.
Vainement, chaque exploit lui vaut cent défaillants,
Son nombre se maintient, il croit en assaillants !
Peuples voisins surpris, vous disiez quelle flamme,
Disparaît, en grondant, et de nouveau s'enflamme ?
Quels démons des combats, poussés par Lucifer
Ont brisé leur portique, ont reproduit l'enfer ?
    Bientôt, entre Turnus et la naissante Rome !
Le pied frappe le pied et l'homme frappe l'homme.
C'est peu ! par des héros, des deux portes redoutés,
Sur un terrain sanglant, les pas sont disputés.
On meurt, en combattant, on recule, on s'élance ;
Le laurier contesté se refuse, à la France.

C'est envain qu'elle veut assurer ses succès ;
Le fer répond au fer, ses rangs sont enfoncés.
Tout ordre disparaît : mais une voix sévère,
A dit serrez le rang ! et le rang se resserre.
Combat des immortels ! vaste scène de mort !
Si la main de Thémis balance votre sort ;
Du moins, un combattant dont le glaive est la foudre,
Plutôt que de céder, va tout réduire en poudre
Sous ses plans, que d'assauts ! que dévolutions !
C'est à qui le triomphe, entre trois nations !
    Entre elles, c'est à qui maîtresse souveraine,
Boira les eaux du Rhin, du Tibre et de la Seine !
En ce but glorieux, par le nitre éclatant,
Le combat dure trop, le trépas est trop lent.
Il faut en définir ! par des charges fougueuses,
Le sang coule plus fort, les morts sont plus nombreuses.
De nouveau, des deux parts, les rangs sont confondus;
Les cliclétis du fer, au loin sont entendus.
    Déjà Charles fuyant l'assaut qui le menace.
Pousse, en son désespoir, son coursier dans l'espace.
D'un brigadier français qui le suit en courroux,
Les messages premiers sont, prince rendez-vous !
Ou par juste devoir le spectre, au char d'ébène,
S'illustre, par mon bras, à vos frais sur l'arène.
Le sommé fuit toujours, et sans fixer le pas,
Il médite, en secret, le plan de son trépas.
    Cependant, c'est à qui des deux, le mieux, s'élance.
Chaque pas, du Français, raccourcit la distance.
L'étranger, tout-à-coup, mettant l'arme à la main,
Brûle d'en définir, il s'arrête soudain ;
Et d'un coup mesuré qu'il dirige à la tête,
Il brise du dragon et le casque et l'aigrette.
Celui-ci tel qu'un lynx qui vient d'être blessé,
Comme lui furieux se redresse empressé,
Et son fer, droit au cœur, poussé d'une main sûre,
Fait, au prince royal, une large blessure.
A ce coup sans pareil, Charles fermant les yeux,
A son trône, à venir, fait d'éternels adieux,
Et reçoit en tombant du coursier qu'il éperonne

Un repos non moins dur que le fer qui lui donne.
    Ailleurs, moins fortunés nos fougueux combattants ,
Sont encor, mi-chemin , des succès éclatants.
Dans un déluge humain , par chance d'offensive,
L'avantage est égal , la fuite alternative.
Chaque peuple , à son tour , par un sanglant effort,
Rétablit le triomphe et prodigue la mort.
Avez-vous , quand Phébus éclaire un autre monde ,
Contemplé l'océan , sous la foudre qui gronde ?
Le flot brise le flot ; un cristal qui s'enfuit
Vous reproduit le jour, au milieu de la nuit,
De même , deux essaims ne montrant qu'une armée ,
Percent de mille éclairs une voûte enfumée ;
Et des tubes d'airain ne cessant d'éclater ,
Sur l'arme du tonnant , paraissent l'emporter.
Tantôt, cent contre cent, se ruant à outrance ,
Décrivent le sursaut , de l'onde qui balance.
Bientôt le sang humain , en plus gros tourbillons ,
Rougit le champ poudreux , arrose les sillons.
Mais, s'il faut, qu'en tout lieu, nos promptes bayonnettes
Forcent les ennemis , aux rapides retraites ;
Si cent peuples n'ont pu , par des nombreux essais,
Résister aux élans du noble sang français ;
Je m'arrête : à quoi bon décrire une poursuite,
Par des héros vainqueurs , sur des vaincus en fuite.
A quoi bon, peindre encor , après tant de succès ,
Des morts et des mourants , par nos fers entassés ?
La déroute ennemie est un torrent qui coule ;
C'est un sable léger que l'orion refoule.
Du bronze des Germains , l'on entend plus la voix ;
Ces vassaux d'Albion sont perdus dans les bois.
    Gloire du nom français , amour de la patrie !
Vous rappelez , en moi, l'aurore de la vie ;
Lorsque , par des hauts murs , séparé des humains
Je restaure, en mon cœur, les principes romains.
Célestes talismans , sur des âmes fertiles ,
Par vous . Phébus et prompt , ses fictions faciles.
J'ai chanté Saint-Bernard et des champs de Berlin ,
J'ai conduit nos Dieux Mars, sous les murs du Kremlin.

J'ai fait plus, en osant sur Moscow en ruines,
Prononcer la rançon, de nos fourches caudines.
Répond, Sébastopol, confirme à l'univers,
L'heureux pressentiment, de mes huit derniers vers. (1)
    Mais, je reprends encor, exploits du noble empire,
Aux risques de briser les cordes de ma lyre.
Sans crainte que mes chants, en faits miraculeux,
Chez mes contemporains, passent pour fabuleux.
Actium, de nos jours, modernes Thermopyles
Je calque, en vous suivant, mes tableaux sont faciles.
Puissants outre combats, siéges européens,
Vous débordez Homère, en vrais épopéens.
Écoutez, Dieux du temps, et déployant vos ailes,
Soyez de mes écrits les messagers fidéles.
Surtout, que cette page, en pompeux souvenir,
Par vous, passe aux humains, d'un dernier avenir.
Dirai-je, que par vous, en sa longue existence,
Et survivant encor, aux débris de la France,
Elle reste debout, sur l'univers croulant,
Dans la nuit du cahos, en phare étincelant.
    Jupiter Borhéen, souflant neiges et glaces,
D'un lac vaste et profond a durci les surfaces ;
Et le tiède zéphyr, du signe rugissant,
N'a point rendu l'essor, à son flot bruissant.
Le cristal, cependant, en éclat moins sublime,
Commence à chanceler, sous son poids qui l'opprime.

---

(1) Voulez-vous de nouveau, qu'un monde vous contemple,
Prenez, jeunes français, Marengo pour exemple.
De ses champs glorieux, par Vienne et par Berlin,
L'histoire vous attend, sous les murs du Kremlin.
Là, de nouveau campés sur Moscow en ruines,
Recevez la rançon, de nos fourches caudines ;
Ou prompt, dans Pétersbourg, par un sanglant abord,
Renversez, à jamais, l'Autocrate du nord.

LE MONT ST-BERNARD, *publié en* 1845,
par le même Auteur.

Dirai-je qu'un secours, par les ordres du Czar,
Marche, pour les Germains, sur l'illustre César.
La soif du sang français, l'emporte et dans sa rage,
Sur l'élément concret, il dresse son passage.
    Russes, avancez-vous, sur ces piéges couverts,
Prétendant qu'Apollon vous attend, bras ouverts?
Ou messagers mortels, d'une gloire nouvelle,
Courrez-vous au trépas ou le sort vous appelle?
Arrêtez : un vainqueur, sur vous fixant les yeux,
En tête, à ses projets, s'élance audacieux ;
Et mille orbes, en fer, rapides en décombres,
Vous plongent, à son gré, sous l'empire des ombres.
Triste confusion ! modèle en ses horreurs !
Pour la peindre, en éclair, ou prendre des couleurs?
Tout s'engloutit, à fond, et d'un monde en naufrage,
Un seul vivant n'a pu se sauver à la nage
Voilà, par quels moyens, en désastres nouveaux,
Brisant votre chemin, il creuse vos tombeaux.
    Du moins, l'ours blanc, du nord, sur la glace qui flotte,
Parcourt d'immensités, se dirige en pilote ;
Et meurtrier plus heureux, sur l'envoi par l'airain,
Il trompe la poursuite, il fuit au riverain.
Tantôt, au sein des mers, des masses balançantes,
Sont, pour les naufragés, des sûretés mouvantes.
Vous ne trouvez, passant en l'abîme éternel,
Ni l'ancre du salut, ni l'arche de Noël.
    Agresseurs de la France, en vos marches rapides,
Choisissez-vous, du moins, des routes plus solides.
Réunis, Autocrate, en ces derniers efforts,
Trois fois, dix mille en plus, au nombre de tes morts.
Ainsi finit, en deuil, la marche de Cambise,
Sous les sables mouvants, de l'Egypte conquise.
Des cris, des vastes cris, vont jusqu'au firmament !
D'un peuple entier qui meurt, c'est le gémissement !
Tourbillons mugissants et vous glaces croulantes,
Ou gisent, jusqu'à nous, cent phalanges mourantes?
Le temps n'a point fait voir, par longs faits du hasard,
Le pli d'un seul drapeau, la pointe d'un seul dard.
    Il est nuit, cependant, et sous des voiles sombres,

Nos Dieux Mars à frapper, ne trouvent que des ombres.
Un inconnu paraît : reçu dans Austerlitz,
Il s'annonce au héros, messager de Brunswik.
Ce prince, lui dit-il, blessé mourant, vous prie
De conserver le trône en sa noble patrie.
Il fuit : et si le sort le jette entre vos mains,
Il réclame les soins que l'on doit aux humains.
Poursuivant vos exploits, les princes d'Allemagne,
L'ont contraint à s'armer, à se mettre en campagne.
Humble en son repentir, craignant votre courroux,
Ici, par ma présence, il tombe à vos genoux.
   Envain ! dit le héros, c'était son avantage
D'approuver, sur ses champs, mon rapide passage.
Un besoin m'entraînait : c'était chez un ami :
Chez un roi chancelant que j'avais raffermi !
Vieux soldat, il savait que la loi de la guerre
Propose le plus court, pousse au plus nécessaire.
Il a brisé les liens d'une ancienne amitié,
Et cessé d'être Roi, je parle sans pitié.
D'autre part, agresseur sans frein dans son courage,
Trop long-temps sur la France, il dirigeat l'outrage.
Ce pays, à bon droit, dans ses états vainqueur,
A dirigé sur lui la balle droit au cœur.
S'il tombe cependant au pouvoir de mes armes,
Sur ce point, rassuré qu'il calme ses alarmes.
Les secours d'Hipocrate et les soins distingués,
Par ordre impérial, lui seront prodigués.
   En dix heures au plus, d'une triple victoire,
Peut-on, Napoléon, te contester la gloire ?
Mandateur de Davoust, directeur de ses pas,
Le temps t'a proclamé vainqueur aux trois combats.
Passant quotidien, de mes travaux aux veilles,
Que de fois, jeune encor, je chantais tes merveilles.
Non moins prompt aujourd'hui, mais plus près du tombeau
J'ose crier plus fort, quand pâlit mon flambeau.
   Dieu donne à ce héros, par fait de ma prière,
Parmi les rois sacrés, la place la première !
Que maître du lion, sous ses pieds abattu,
Il soit par le progrès vainement combattu.

Que vainqueur de Saturne , en ses marches profondes ,
Il déroule en ses mains les chartes des Deux-Mondes.
Astres ornez sa tête , en rayons immortels ,
Et vous colons, du ciel , dressez-lui des autels.
Dirai-je, envoi divin , quittant ses funérailles ,
Qu'il vienne des droits saints diriger les batailles.

Dieu, que par tes décrets , l'Ulysse d'Ilion
Renaisse , en ses neveux , et renverse Albion.
Maudis au souvenir , sa peuplade insulaire
Dont le cri , contre lui , fut trahison ou guerre.
C'est elle qui, jadis entre deux Océans ,
Immola sans pudeur , la vierge d'Orléans.
C'est elle dont le crime , en ta juste balance ,
Pèse sur l'Angleterre et décore la France.

Gloire à Jeanne et Dessaix , leurs immortels adieux !
Leur ont acquis un trône , au rang des demi-dieux !
Allez fiers combattants mourant pour la patrie ,
Renaître au doux bonheur d'une éternelle vie.
Je vais par vous poëte , en mes derniers accords ,
A l'oubli condamné , m'affranchir de ses bords.
Puis-je encore par vous et pour fin de l'histoire ,
Peindre au fond des enfers une porte en ivoire ?
Ses pivots sont en or ! et c'est au bras divin ,
Que l'art qui l'enjolive emprunte le burin.

Il est nuit , sous un ciel noirci par des nuages ,
Moïse et son troupeau quittent les pâturages.
Un buisson tout-à-coup, flagrant en tourbillons ,
Volcan impétueux éclaire les sillons !
Bientôt un Dieu puissant maîtrisant son oracle ,
Se décèle au berger par un double miracle.
Déjà Moïse prompt à l'ordre souverain ,
A jeté son bâton au loin sur le terrain ;
Et déjà long serpent , audacieux , superbe ,
Il se dresse en colonne, il s'agite sur l'herbe.
Mais , saisi par un bout , le reptile inhumain
Est encor le bâton qu'il presse dans sa main.

C'est l'œuvre d'un côté : l'autre nous met en vue
D'une mer en fureur , de sa vaste étendue.
Cent caboliers, jouets d'un flot capricieux ,

Ou tombent au limon , ou sont poussés aux cieux.
De là trouvant encor la tempête à leurs trousses ,
Ils sont nouveaux jouets des suivantes secousses.
L'on voit l'onde à jamais se fermer sur leurs jours ;
Ou des Syrtes au loin les briser pour toujours.
C'est peu : l'on voit encor sur la fougueuse plaine ,
Flotter les corps humains sanglants et par centaine.
Leurs os par les Tritons dépouillés , mis à nus ,
Vont blanchir les côteaux des pays inconnus.

   La sculpture aussitôt par ses grâces altières ,
Captive le regard , dépasse les matières ;
Dresse un piége secret et par un dur écueil ,
L'on se voit refoulé dans le même cercueil.
Gardez d'aborder cette porte traîtresse ,
Amants de la raison , colons de la sagesse.
La gloire d'Apollon et son divin rameau
Ont ainsi travesti le gouffre du **tombeau.**
Quel Dieu me forcerait , disciple de la lyre ,
Au silence en mes vers , à l'oubli de vous dire ?
Humains qui de Pluton voulez fuir le manoir ,
Ouvrez la porte en corne au fond d'un angle noir !

   Il est vrai, que chrétiens, vainement l'on vous prêche,
Que votre Dieu nâquit dans une humile crêche.
Le luxe est un poison qui ronge l'univers ;
C'est la perte de l'âme et la clé des enfers !
Pour prier , à genoux , aspirer à des trônes ,
C'est flétrir l'âge d'or , des chrétiennes aumônes !
Concourir à l'empire , au lieu d'être valets ,
N'est point abandonner et barques et filets !
Or , faut-il , de nos jours , que Jésus se présente
Chassant de sa maison le trafic et la vente ,
Pour de nouveau contraindre , à la fraternité ,
Non , par l'exploit humain , mais par la charité ?
Vous allez , contre-sens, sans vouloir qu'on réponde,
Que vous laissez le ciel , pour le bien de ce monde.
C'est pour nous l'acquérir que ce Maître a souffert ;
C'est, pour nous, qu'il marchat, pieds nus dans le désert !

   Coupables intérêts , frivoles et mendaces !
Par vous , voici le temps fécond , en loups rapaces !

O mes vers passez-vous, de ma plume au tombeau ;
Ou nés d'une doctrine êtes-vous son flambeau ?
Au tribunal dernier, qui paraît équitable,
A su du Rédempteur apprécier l'étable.
Il a su, de ce monde, oubliant la grandeur,
Vivre, content de peu, sans luxe, sans splendeur ;
Et dédaignant un siège, au char de la noblesse,
Se promener dans Rome, assis sur une ânesse,
Ainsi trônait celui qui vous parle, par moi.
Fidèles écoutez, voici quelle est sa loi.
Soyez humbles, dit-il, tolérants, pacifiques,
Et dans ma pauvreté, restez apostoliques !

A quoi bon désirer ? quand je marche à pieds nus ;
Quand je foule, en bienfait, les sables inconnus ;
Quand je ne veux pour prix de ma course lointaine,
Que l'eau que je reçois de la samaritaine.
Voulez-vous de la pourpre, éviter le danger ?
Préférez aux lambris, la hutte du berger.
Car, la porte du ciel, devant l'or qui scintille,
Est le câble à passer, dans le trou de l'aiguille.
Allez frères, allez en juste égalité,
Rabaissant la hauteur, rétablir l'équité.
Dites, à tout chrétien, qu'en raison du mérite,
Sa perte ou son salut m'intéresse et m'agite.

Il est vrai, pourtant vrai, que soumis à mourir,
L'homme, en son court trajet, n'est point né pour souffrir.
Tonneau de Diogène et poison de Socrate,
C'est contre tels délits que la justice éclate.
Nous chercherions, envain, le lointain des appas,
Le ciel ferait mûrir les doux fruits sous nos pas.
Déserts Thébaïdains, vos dures disciplines
Ont méconnu, jadis, les volontés divines.
La vie est un bienfait, sans mélange onéreux ;
Un Dieu n'a point créé, pour rendre malheureux !
Quel serait, en effet, le Dieu dont la puissance,
Déploirait à plaisir, haine, courroux, vengeance,
Jésus, du genre humain, ne veut point le malheur ;
Ennemi de sa peine, il combat sa douleur.

D'autre part, le soleil qui brille et nous éclaire

Pour l'homme, à son image, est le bienfait d'un père.
Contre lui, serait-il implacable et cruel ?
Et l'humain jugement peut-il le peindre tel ?
Quand c'est lui, toujours lui, qui, par bonté secréte,
Fait naitre sous nos pieds, la rose et la violette.
Qui, sur les frondaisons, tasse les fruits divers ;
Par lui, l'oiseau pour nous, peuple les champs des airs.
Il concentre le grain, par l'hiver et sa glace,
En ce but, des saisons, il a réglé l'espace.
Dirai-je, il nous donna, dans l'art d'approfondir,
Des yeux pour l'admirer, des mains pour l'applaudir !
    Sans l'homme, en sa raison, sans la voix de son âme,
De la création, qui louerait le drame ?
Champs d'azur étoilés, dôme victorieux
Vous prouveriez, envain, un maître glorieux.
La brute, auprès de nous, les yeux fixés sur terre,
N'a rien, en son instinct, qui l'agite et l'éclaire.
Elle vit, elle meurt, sans même découvrir,
Un temps à traverser, une mort à souffrir.
L'homme seul, en ce monde, instruit de son essence
Mesure sa grandeur, reconnaît sa puissance,
Se conforte, en celui dont il est le provin,
Certain, d'un droit au ciel, par son germe divin.
  Je termine, écoutez ce céleste langage ;
Écho du Sacerdoce, il vole d'âge en âge.
En doute, liberté ! vous dit Saint Augustin ;
Et sa voix est pour nous, l'étoile du matin.
Par elle, triomphante en éclats de lumière,
La doctrine retourne, en sa marche première.
Un trafic odieux n'est plus à redouter ;
Et le Mont Vatican cesse d'épouvanter.
Père des vérités, par toi seul, je répète,
Que ta sagesse parle et non point le poète.
Par toi, d'un intérêt, méprisant le courroux,
L'homme reste en sa foi. devant elle à genoux.
J'ajoute, que par toi, les deux pieds dans la tombe,
Et les cheveux blanchis, par la neige qui tombe,
Il passe, avec son Dieu, sans douloureux effort,

Du bienfait de le suivre, au calme de la mort. (1)
    Des portes de l'enfer, l'une en son étalage,
Se montre gracieuse, appelle à son passage;
L'autre muette, avare et sourde à tout besoin,
Se refuse au bienfait, se dérobe avec soin.
C'est par elle, aussitôt, que le fougueux Alcide
Reprend, sous le soleil, sa marche au pas rapide.
Par elle, il trouve encor, les antiques bergers,
Il revoit son troupeau ses clos et ses vergers.
Bientôt, par les accueils de tout le voisinage,
Les rameaux et les fleurs encombrent son passage.
C'est à qui, le premier, le proclame immortel,
Le paye, par la lyre et l'honneur de l'autel.
    Pour ajouter aux vers, tes riantes images,
Parais en flots d'azur, Tibre aux féconds rivages.
J'entends, dès mon abord, dans la nuit d'un verger,
Le chant du rossignol, la flûte du berger.
Bocages permettez, sur vos plaines fleuries,
Que je promène encor, mes douces revêries.
De mon temps qui s'enfuit, poétique aventin,
Pour un jour, tout au plus, rappelle le matin.
Je viens, sur tes débris, analyser la gloire,
D'un monde enseveli dont tu redis l'histoire.
D'un peuple, sans rival, en essaims de héros,
Et dont les hauts exploits sont d'immortels échos.
Quels sinistres, en tes murs, répond Rome chrétienne,
M'interdit l'aperçu de ta gloire payenne?
Après, pour compléter le deuil en mes regards,
Dans ce siècle illustré, par le concours des arts,
Tu dors, au bas niveau, dans une nuit profonde,
Oubliant ton grand nom, de maitresse du monde.
    J'écoute : tu me dis, mère de Cicéron !
Je revis, par Ovide et fleuris par Maron.
Célèbre en juvenal, immortelle en Horace,

---

(1) Omne tulit punctum, qui miscuit utile dulci,
    Lectorem delectando|pariter que monendo.

(HORAT.)

Aux jaspes éclatants , je dispute une place.
L'on dit que je succombe et tout parle de moi ,
Depuis l'humble berger , jusqu'au sublime roi.
Ta science ne doit son tribut littéraire ,
J'ai racheté sa voix , du langage vulgaire.
L'art du Poussin mourait, sans mes doctes leçons ;
Puget cherchait , envain , et compas et poinçons !
Lyristes qui courrez de merveille en merveille ,
Puisez en mon histoire , ainsi la fait Corneille.
Son sein est un volcan , ses flammes sont des vers ,
Qui flambeaux pétillants éclairent l'univers.
C'est ainsi qu'en dormant modeste , d'âge en âge ,
Je vogue sur l'oubli , sans crainte de naufrage ;
Et laissant en fureur : Mars et mes combattants ,
J'arrive avec Minerve aux faits plus éclatants.

    Surgis , ô Scipion , et de retour d'Afrique ,
Vend tes champs , au profit de la dette publique ,
Après courant encor , à des nouveaux combats ,
Prend Carthage , à tes frais et paye mes soldats.
Regulus , à ton tour , sensible à ta défaite ,
Tu ne fais point la mort que la haine t'apprête.
Mais glorieux vaincu , n'osant te pardonner ,
Tu cours , droit aux vainqueurs , te faire assassiner !
    C'est à vous , ô Gaulois croulant du Capitole ,
A rappeler Camille , en son sublime rôle.
Redis-nous , Porsenna , le nom de ce romain ,
Qui pour s'être trompé , laisse brûler sa main.
Dirai-je , pour mourir , faites ouvrir vos portes ,
Patriciens ruinés , sans armes et sans cohortes ;
En méprisant l'abord du fougueux Annibal ,
Attendez en siégeant le glaive d'Asdrubal. (1)
    O Reine , c'est assez ! mille fois , je m'empresse ,

---

(1) Scis vincere, Annibal, sed victoriâ uti nescis !

Tu sais vaincre, Annibal., mais, tu ne sais point user de la victoire !

C'est ainsi que parlait Asdrubal, lieutenant-général, à son chef Annibal, en l'exhortant d'aller droit à Rome, après sa victoire, auprès du lac de Trasimène.

48

A trouver, en tes fils, le temps de ma jeunesse.
Livres, qu'en blasphémant, j'arrosais de mes pleurs,
Vos chardons d'autrefois, sont convertis en fleurs,
Auteurs, vos souvenirs que l'étude prolonge,
N'ont point fait en mon cœur, le passage d'un songe.
Trop souvent, avec vous, mon esprit va revoir
Le scabel vermoulu, trône de mon devoir.
Trop souvent, je me dis, douces métamorphoses !
Par quel bienfait du ciel, mes peines sont des roses ?
Soyez, toujours, la marche à l'honneur lauréal,
Rigide solitude et cloître boréal.
Vainement, les hivers, à travers vos vitrages,
Font de leurs bras de fer, ressentir les outrages ;
Poêles, que de fois, par un froid inhumain,
La plume, au lieu d'écrire, échappe à notre main !
Que de fois, Syrius, sur nos humbles toitures,
Concentre ses volcans, dépasse les mesures ;
Convertit nos glaciers, en torrides enfers,
Et nous trouve, sans plainte, au supplice des vers !
Telles sont nos douleurs ! encore faut-il dire,
Qu'Apollon ne sourit, qu'au doux son de la lyre.
Il refusa toujours le glorieux rameau,
Au chant du carrefour, sur l'aigre chalumeau. (1)

Annibal, en suivant le conseil de son général, trouvait Rome,
les portes ouvertes et le Sénat siégeant, en attendant la mort. Par son
refus, ce grand capitaine a-t-il voulu donner le temps aux Romains,
de s'armer, pour se procurer des nouvelles marches à la victoire? ou
bien, a-t-il voulu accorder le repos dont ses soldats avaient besoin,
après tant de fatigues? Aucune opinion ne peut être admise comme
certaine, sur ce point. L'on connaît, pourtant, les délices du quar-
tier d'hiver, à Capoue et leurs suites fâcheuses. Au printemps,
Annibal fut vaincu, par la prudence de Fabius, plutôt que par la
force de ses armes. Cette première défaite fut bientôt suivie d'une
autre qui le mit en fuite, devant la valeur Romaine réveillée par
deux victoires.

(1) Non tu in triviis, indocte, solebas
Stridenti miserum stipula disperdere carmem ? (VIRG.)

FIN.